AF262444

(Conserver la couverture.)

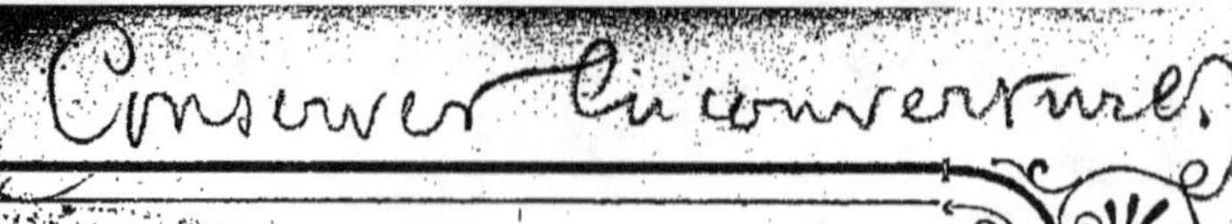

LA
LUMIÈRE

UNE FOIS POUR TOUTES

SUR LES CAUSES DU PROCÈS PENDANT

ENTRE

LE SERVICE DES LEVÉS GÉNÉRAUX

ET

L'ADMINISTRATION ALGÉRIENNE

PAR J. ANTONA

*Géomètre du Service des Levés généraux, Délégué
des Géomètres de la Brigade d'Oran*

CONSTANTINE

42, IMPRIMERIE NOUVELLE, RUE DE FRANCE, 42

1882

A MM. les Sénateurs et Députés et à MM. les Membres des Corps élus de l'Algérie.

R.F. (cachet : Bibliothèque Nationale — Imprimés)

Messieurs,

’ai l’honneur de soumettre à vos méditations le contenu de cet opuscule qui traite une question brûlante. Question brûlante, en effet, puisqu’il y a procès entre l’Administration Algérienne, et un Service (celui des Levés généraux et du Cadastre) qui aurait tout subi sans protester, s’il lui eût été possible de le faire sans être ruiné !

Le premier point que vous aurez à apprécier, c’est un article qui a déjà paru dans le *Républicain* de Constantine, et qui tend à démontrer, contrairement à une décision émanant du Gouvernement Général de l’Algérie, en date du 14 septembre dernier, que *la vérification d’un plan doit toujours être faite en présence de l’auteur du plan.*

Vous aurez à considérer ensuite la seconde partie où, par l’exposé des tracasseries infligées audit Service, il s’agit de bien établir la proposition suivante : *Dès que la présence de l’auteur du plan pendant la vérification s’imposera de plein droit, toutes les autres revendications du Service qui lutte pour sauvegarder ses droits et ses intérêts méconnus, seront nécessairement fondées.*

Après cela, vous resterez juges pour décider si oui ou non il y a lieu d’ordonner une enquête, afin d’arriver ainsi à dégager toutes les causes vraies de l’état de choses en question.

J’ai tout lieu d’espérer que, comme votre humble serviteur et comme l’unanimité de la presse algérienne, vous serez portés à reconnaître que les faits signalés dans cet exposé n’ont pas de précédents dans les fastes administratifs, qu’ils constituent un véritable anachronisme par cela seul qu’ils se passent en plein XIX^mᵉ siècle, et que l’injustice commise sous le Gouvernement Républicain a pour le citoyen un caractère plus spécialement odieux.

En attendant, confiant dans vos décisions souveraines, j’ai l’honneur d’être très respectueusement, Messieurs, votre très humble et très dévoué serviteur.

J. Antona,

Géomètre du Service des Levés généraux, délégué des Géomètres de la Brigade d’Oran.

Constantine, le 25 octobre 1882.

I

La vérification du plan doit toujours être faite, en principe, en présence de l'auteur du plan.

—————————

Si les règlements sont si formels à cet égard, c'est parce que le Vérificateur, qui est censé n'avoir jamais vu le terrain représenté par le plan, ne saurait se passer du Géomètre qui est appelé à donner des renseignements sûrs sur tous les points, et notamment sur ceux qui peuvent avoir disparu après le levé, sur les bornes de propriété qui peuvent avoir été ou arrachées, ou déplacées, ou multipliées — comme cela arrive souvent en Algérie ; c'est parce que l'avis de l'Opérateur s'impose dans les cas très fréquents où les chemins arabes, les limites de propriété, les cours d'eau ne revêtent pas un caractère de fixité bien marqué ; c'est parce que, dans tous les cas, le Vérificateur ne doit arrêter les cotes que là où le Géomètre déclare les avoir prises, et cela parce que la mission du Vérificateur consiste à s'assurer *si les opérations du Géomètre sont exactes,* et à ne formuler que de simples observations sur le point à savoir si le Géomètre s'est ou non conformé aux instructions réglementaires.

Il est certain que l'appréciation du vérificateur ne coïnciderait pas toujours avec celle du Géomètre, surtout là où les limites ne sont pas bien apparentes ainsi que là où elles auront été modifiées par des causes postérieures à l'époque du levé, si l'opérateur du plan n'est pas présent à la vérification.

Telles sont les considérations générales qui militent en faveur de la présence de l'auteur du plan, alors même que le vérificateur serait aussi loyal, aussi indépendant, aussi honnête, aussi expérimenté que possible.

Mais dans le cas qui nous occupe en ce moment, l'état d'hostilité du Service Topographique et des Levés Généraux étant donné, il y a lieu de considérer autre chose.

Il est évident que, si le vérificateur pouvait se passer du Géomètre, auteur du plan, il ne pourra jamais se passer du plan. Dans ce cas, l'œuvre du Géomètre serait remise entre les mains d'un vérificateur qu'il a le droit de considérer comme un adversaire, puisqu'il est l'agent d'un service notoirement hostile au sien. Qui peut garantir au Géomètre qu'un tel vérificateur ne commencera pas d'abord par fausser le plan afin de le rendre mauvais ?

Mais un vérificateur malveillant, sans aller jusqu'à fausser le plan, peut être nuisible à un plan bien fait.

Et d'abord considérons qu'un plan n'est rejetable qu'autant que la vérification relève, comme mauvaises, plus d'un tiers des cotes arrêtées. C'est ce qui constitue la tolérance réglementaire.

Puisque les règlements ont admis de tolérer un tiers de cotes mauvaises, c'est incontestablement parce qu'il a été reconnu, en pratique, qu'un plan peut être bon tout en ayant un tiers des cotes erronées, ou que, malgré l'attention la plus soutenue de l'opérateur, des erreurs sont non-seulement possibles, mais inévitables.

Comment, en effet, pourrait-on faire un plan sans différences, puisque le plan donne un corps aux lignes et aux points, tandis qu'en principe ils sont considérés comme immatériels, sans étendue ; puisque les relations graphiques des points peuvent être modifiées ou en sens divers ou inégalement jusque sur la feuille de plan, laquelle, on ne doit pas l'ignorer, n'est jamais exposée que partiellement, pendant l'opération, aux fluctuations de l'état hygrométrique de l'air ?

Il résulte donc que le plan le mieux fait du monde est censé contenir quelque peu de ces différences inévitables, que la plus grande expérience du levé peut bien atténuer, jamais détruire.

Cela posé, n'est-il pas évident qu'un vérificateur hostile pourrait, tout en restant le plus à couvert, ne tenir compte que des cotes mauvaises et rendre ainsi rejetable un plan bien exécuté ? Qui pourrait l'empêcher de le faire si l'auteur du plan n'est pas là ?

Il est constant que les personnes haut placées dans le Service Topographique et dans l'Administration Supérieure — qui se sont vantées de rejeter tous les plans du Service des Levés Généraux, — songeaient à procéder de la sorte, en faisant décider que le géomètre n'assisterait pas à la vérification ou en le mettant dans l'impossibilité matérielle d'y assister.

Au reste, s'il est prescrit par les règlements que la vérification ne doit jamais être faite qu'en présence du géomètre intéressé, c'est parce qu'il a été considéré qu'un plan est la propriété de son auteur avant d'être celle de l'Etat.

En effet, si un plan est rejeté, l'Etat ne perd rien, tandis que le géomètre est obligé de le refaire à ses frais. C'est ainsi que, la valeur du plan étant la chose du géomètre, le plan doit être considéré comme sa propriété jusqu'à ce que l'Etat lui en ait donné une décharge complète.

Voilà pourquoi, dans l'esprit des règlements, qui ne peut être qu'équitable, tout doit être fait de manière à ce que les intérêts du principal intéressé soient toujours sauvegardés, de manière à ce que la rectitude du contrôle ne donne lieu à la moindre suspicion, de manière à ce que la vérification soit faite dans un but de contrôle loyal, d'amélioration du plan, et non dans un but exclusif de tracasserie.

En thèse générale, un jugement ne saurait être équitable si l'on supprime la défense ou si on l'empêche de se manifester ; supprimer le géomètre pendant la vérification du plan, ce serait supprimer le défenseur naturel du plan : ce serait une iniquité.

Il n'y a point de vérificateurs qui accepteront d'opérer dans des conditions si anormales : s'il y en avait un seul, on peut affirmer d'avance que c'est un malhonnête homme.

II

Dès que la présence de l'auteur du plan s'imposera de plein droit pendant la vérification, toutes les revendications du service des Levés généraux seront nécessairement fondées.

———⚹———

Depuis longtemps une question est ouverte, qui ne manque pas d'être mûre, et qui n'est pas encore résolue. A la tournure que prennent les choses, on pourrait même dire que la solution s'éloigne d'autant plus que, par des essais réitérés, on s'efforce de l'atteindre. Telle, l'île d'Ithaque s'évanouissait, au grand désespoir de la science nautique, devant les efforts persévérants du pilote Athamas.

Cette question, soulevée au mois de mars dernier dans les colonnes de l'*Atlas* d'Oran et qui, pour n'avoir pas réussi à émouvoir l'Administration, n'en a pas moins eu la bonne fortune d'intéresser toute la presse algérienne, est cependant d'une extrême simplicité : elle n'est autre que celle de savoir si l'Administration est liée comme un simple particulier lorsqu'elle a signé un contrat ; si un Service créé indépendant, dont la mission est fixée et réglementée d'avance, et comme caractère et comme durée, peut être rendu dépendant d'un autre, alors surtout que les agents qui le composent n'ont concouru à son organisation qu'à condition qu'il resterait indépendant ; si l'Administration peut régler sa conduite sur des suspicions arbitraires, ou prendre des mesures définitives sans se donner la peine de s'éclairer ; si, en un mot, elle peut jamais avoir le *droit de fouler aux pieds le Droit même*, en procédant contrairement aux saines traditions du passé, aux règlements qui régissent la matière, à tout esprit d'équité.

On n'a qu'à contempler un moment la triste situation faite aux soixante pères de famille composant le personnel du Service des Levés Généraux, et, de prime abord, on sera convaincu que la question ainsi caractérisée, mise en parllèle avec la réalité des actes et des prétentions de l'Administration, reste encore dans le domaine des euphémismes.

Mais une des causes qui ont le plus contribué à retarder la solution, se trouve en ce que le problème a été considéré de trop loin et pris de trop haut. Avoir trop conscience de son bon droit, c'est être exposé à peu maîtriser ses ardeurs, à rendre ainsi, bien souvent, la vérité invraisemblable, et, en somme, à irriter au lieu de convaincre, à s'éloigner du but au lieu d'aboutir.

C'est pénétré par ce sentiment que nous nous sommes décidé à sortir du terrain vague et irritant, pour nous appliquer exclusivement à préciser, à fixer, à rendre irréfutables quelques-uns des points primordiaux, bases essentielles de la question générale.

Nous estimons, en effet, que les derniers articles parus dans l'*Akhbar*, qui ont eu pour effet de préciser les bénéfices réels des agents du Service des Levés Généraux, l'importance et la nature des travaux exécutés, ainsi que les titres qui peuvent mériter à ce Service et le respect de l'Administration et la reconnaissance des contribuables, ont fait faire à la question un plus grand pas, que toutes les considérations générales développées antérieurement.

Nous estimons surtout que le dernier article publié dans le *Républicain* de Constantine, tendant à démontrer que *la vérification d'un plan doit toujours être faite en présence du géomètre opérateur du plan*, a tranché la difficulté principale ; car, à part le côté budgétaire, il est certain que le point, où toutes les autres difficultés viennent se grouper en s'arc-boutant, se trouve précisément dans la vérification ou dans la manière de l'effectuer. Nous pensons en cela, il est vrai, autrement que plusieurs personnes, lesquelles, ne distinguant pas le but visé, ont été portées à croire que l'article du *Républicain* avait été écrit pour le mince plaisir d'occuper une colonne de journal.

Aussi nous nous proposons de prouver que ce jugement est énormément erroné, en prouvant que, si nous avons bien démontré *que la vérification du plan doit toujours être faite en présence de son auteur,* nous avons gagné le procès. Et pour parvenir aisément à faire cette preuve, il nous suffira d'exposer l'historique succinct du Service des Levés Généraux.

En 1875, vu l'insuffisance du service de la Topographie et l'inutilité de son œuvre pour la constitution de la propriété, le Gouverneur général de l'Algérie se trouva dans la nécessité d'adresser divers appels aux géomètres du Cadastre de France. On sait que tous ces appels successifs restèrent infructueux tant qu'ils eurent pour caractéristique que les géomètres de France, tous vieux opérateurs, devaient être mis sous la tutelle du service de la Topographie — que l'on savait administré et recruté dans les conditions les plus déplorables (1).Des opérateurs,possédant les meilleurs états de service, ne pouvaient se résoudre à abandonner des positions acquises dans l'Aministration métropolitaine, pour venir accomplir une mission si délicate, sous la direction d'un service habitué à tourner dans le cercle vicieux, à rééditer, en fait de levé, la fameuse toile de Pénélope et portant le stigmate de l'arrêté de suppression, encore tout chaud, pris par l'amiral de Gueydon.

Après avoir constaté où se trouvait la pierre d'achoppement contre laquelle venaient se briser tous ses appels réitérés, le Gouverneur général finit par se mettre en relation avec divers Géomètres en chef du Cadastre, et, après s'être entendu avec eux, il institua, parallèlement au Service topographique, un service autonome et indépendant, sous la désignation de *Service des Levés Généraux et du Cadastre.*

---

(1) Ces appréciations ne tendent pas à mettre en discussion la capacité des agents du Service Topographique ; elles visent seulement l'organisation de ce service. Nous développerons mieux notre pensée dans un prochain travail qui traitera de *l'organisation du Cadastre en Algérie.*

Ce qui instituait le nouveau service c'était un contrat, publié sous forme d'arrêté en date du 8 avril 1875.

Aux termes de ce contrat, un Géomètre en chef du Cadastre devait être à la tête de chaque brigade ; il devait en être l'unique directeur ; il devait vérifier les plans dressés par les géomètres ; il devait être pécuniairement responsable de tous les travaux.

Chaque brigade devait être composée, au minimum, de 20 géomètres, de 2 triangulateurs, et d'un employé de confiance, devant aider le géomètre en chef pour la vérification des plans.

La mission du service en général consistait à effectuer des *plans généraux* en vue de la Constitution de la Propriété ; ces travaux devaient être rémunérés d'après des tarifs déterminés ; tout était garanti, dans ces conditions, pour dix ans au moins.

Par conséquent, l'organisation du Service des Levés Généraux, n'était autre chose, à tous les points de vue, que l'organisation du Cadastre — avec mission temporaire.

Ces conditions étant données, les brigades furent immédiatement organisées au grand complet et, aussitôt, les opérations furent entreprises résolument dans les trois départements algériens.

Le Gouvernement général se trouva ainsi tiré d'embarras, et l'on se prit à espérer, partout, que la Colonie ne tarderait pas enfin à posséder les plans qu'il lui fallait.

Mais on comptait sans le Service Topographique.

En effet, dès le commencement des opérations, ce service jaloux et accapareur, malgré son impuissance, et agissant comme si l'Algérie était devenue sa propriété, souleva les plus étranges difficultés. Dans la province d'Alger, il alla jusqu'à se placer dans les zones confiées au Service des Levés Généraux et à opérer sur le terrain levé de frais par les géomètres du nouveau Service.

Le général Chanzy fut obligé d'intervenir et, comme on se rappelait encore la récente mésaventure infligée à la Topographie par l'amiral de Gueydon, tout ne tarda pas à rentrer dans l'ordre.

Cette levée de boucliers du Service de la Topographie, qui ne put pas aboutir à évincer le Service des Levés Généraux, eut au moins pour effet de faire croire au général Chanzy que le Service Topographique avait enfin secoué sa torpeur, qu'il avait besoin de mouvement, qu'il ne demandait qu'à faire oublier le passé, en se livrant activement au travail.

C'est dominé par cette pensée que l'honorable général Chanzy songea à offrir à ce Service tous les travaux nécessités par l'application de la loi du 26 juillet 1873, c'est-à-dire les travaux de reconnaissance avec les commissaires-enquêteurs et la révision de tous les plans des Levés Généraux, au fur et à mesure que la Constitution de la Propriété les réclamerait.

Le général Chanzy pensait que de telles propositions ne pourraient être qu'acceptées avec empressement. Mais grande fut sa surprise, lorsque le Service Topographique, par l'organe autorisé des trois Chefs de service, vint déclarer qu'il pouvait bien parer aux besoins de la colonisation, du domaine et du séquestre, mais qu'il était dans l'impossibilité matérielle de s'occuper de la Constitution de la Propriété.

Ainsi, si le Service Topographique a pu avoir à se plaindre, par la suite, d'être laissé inoccupé, ce n'est pas au Service des Levés Généraux mais bien à lui-même qu'il devrait s'en prendre.

Toujours est-il qu'après le refus formel du Service Topographique, le général Chanzy fut obligé de faire appel à la bonne volonté et à l'esprit de sacrifice du Service des Levés Généraux, s'il voulait faire marcher de front tous les travaux inhérents à la Constitution de la Propriété.

Tous les agents des Levés Généraux comprirent bien qu'accepter une si lourde charge, c'était diminuer considérablement les bénéfices garantis par l'arrêté du 8 avril 1875 ; mais ils étaient les premiers à reconnaître que le *levé général*, tel qu'il était défini dans cet arrêté, était une œuvre sans portée pratique ; et, comme tous avaient été habitués en France à ne faire que des travaux définitifs, comme, après tout, on ne leur demandait un sacrifice que dans un but d'utilité publique, ils consentirent facilement à laisser modifier l'arrêté du 8 avril 1875, et acceptèrent, sans la moindre protestation, toutes les obligations précisées dans la circulaire du 10 avril 1876 et dans celle du 22 mars 1877.

D'après ces deux circulaires, qui constituent le second contrat, il ne devait exister aucun lien de subordination entre le Service Topographique et le Service des Levés Généraux ; chacun d'eux devait se mouvoir dans sa sphère.

Assistance aux Commissions d'enquête, levé parcellaire au *4 millième* après la reconnaissance de la propriété, calcul des parcelles, confection des Atlas pour le Ministère de la Guerre, et achèvement de tous les travaux nécessaires pour effectuer l'expertise cadastrale : tout devait incomber au Service des Levés Généraux,

Ce service devait aussi conserver ses archives jusqu'à la fin de sa mission et devait les remettre finalement à la direction des Contributions directes.

Le contrôle de l'Etat devait s'exercer sur le cinquième de tous les travaux, et devait être opéré par l'Inspecteur spécial du Cadastre Algérien.

Pour le reste on devait avoir pour guide les règlements du Cadastre de France.

Telles sont les dispositions générales qui résultent de l'ensemble du contrat, passé au nom de l'Etat par le Gouneur Général de l'Algérie, et consenti par le Service des Levés Généraux.

C'est l'ensemble de ces dispositions qui engage les parties contractantes.

Tout ce que l'une des parties peut prétendre en dehors a besoin d'être consenti par les autres avant d'être inscrit dans le contrat.

Mais ce contrat offre aussi une de ces singularités qui devrait donner à réfléchir à l'Administration. Lors de sa rédaction, l'Etat et les Chefs de service seuls étaient présents.

Les Agents, c'est-à-dire la partie qui devait exécuter la plus grosse somme des clauses du contrat, n'étaient pas présents. Tout point douteux, en tant qu'interprétation du contrat, ne peut être résolu qu'à l'avantage de la partie absente.

Ces considérations n'étaient pas superflues. Elles sont à retenir, parce qu'elles sont la base des revendications du Service des Levés Généraux.

Tout allait marcher bien, et effectivement à Oran et à Alger, toute complication nouvelle paraissait improbable. Il n'en fut pas de même à Constantine : lors de la vérification spéciale, un conflit s'éleva entre le Géomètre en chef des Levés Généraux et le Vérificateur spécial.

Le premier point du conflit consistait à faire un crime au Chef de la brigade de Constantine, de ce qu'il avait, à côté des 20 Géomètres titulaires, beaucoup d'agents qui n'étaient pas compris dans le cadre.

Sur ce point, l'Administration n'était pas d'accord avec elle-même, car l'arrêté du 8 avril 1875, ne défend en aucune manière, aux Géomètres en Chef, le recrutement d'Agents auxiliaires. On pourrait plutôt démontrer que l'arrêté organique, autorise ce recrutement. En effet, l'article 5 dudit arrêté, est ainsi conçu : « Les travaux sont garantis pour 10 « ans au moins, à tous les *Agents commissionnés* qui reste- « ront dans les brigades. »

Puisque l'arrêté parle d'Agents commissionnés pour spécifier que les travaux ne sont garantis qu'à eux, n'est-il pas évident que, dans l'esprit de son auteur, le Service pouvait avoir aussi des Agents non commissionnés ? Et que l'on ne vienne pas nous objecter que ce sous-entendu visait les Employés sédentaires du Géomètre en Chef, car, aux termes du même arrêté, le Chef du Service des Levés Généraux n'avait à se charger d'aucun travail de bureau et n'avait pas besoin, par conséquent, d'Employés sédentaires. D'ailleurs, il y a un fait que la haute Administration ne niera pas : en 1875, — habitué qu'on était à voir manquer tous les appels adressés aux Géomètres de France, et de crainte que l'arrêté du 8 avril n'aboutît à un avortement, — on recommandait aux Géomètres en Chef de recruter *le plus de Géomètres possible.*

D'un autre côté, il y a lieu de considérer qu'en France un Géomètre de première classe a droit à deux Auxiliaires. Or, la plupart des Géomètres titulaires étaient des Géomètres de première classe du Cadastre de France, en activité de service, lesquels, en venant en Algérie, avaient dû trouver tout naturel d'emmener leurs Secondaires.

Donc, l'Administration Algérienne ne pouvait faire, pour ce fait, un grief contre le Service des Levés Généraux. Ce qui ne l'empêcha pas d'obliger le Géomètre en Chef de Constantine à licencier tous les Agents non commissionnés.

Ici vient se placer le fait le plus grave qu'on ait eu à reprocher à la brigade de Constantine : deux ou trois des Secondaires, qu'il s'agissait de licencier en masse, eurent ensemble 5 feuilles de plan rejetées.

Le fait est trop délicat pour qu'il s'agisse d'en faire l'apologie. On peut même admettre que, puisque ces plans avaient été rejetés par un vieux opérateur comme M. de Casanove, ils devaient laisser à désirer. Cependant, il y a lieu de noter que les Agents, qui eurent des plans rejetés, demandèrent une contre-épreuve, et que l'Administration décida arbitrairement qu'il n'y avait pas lieu d'accorder cette contre-épreuve.

Une telle décision, de la part de l'Administration, est d'autant plus regrettable que le rejet de ces 5 feuilles est devenu l'éternel cheval de bataille des adversaires du Service des Levés Généraux, la seule raison relativement consistante qu'on ait pu produire toutes les fois qu'on a proposé de prendre, contre ce Service, ces mesures injustifiées qui sont la cause déterminante du conflit actuel.

Retenons donc, que ce fait, le plus grave de tous, étant réduit à ses véritables proportions, peut même tourner à l'avantage du Service incriminé, car il prouve que non-seulement ce Service ne peut pas compter sur la protection de l'Administration, mais même pas sur sa justice.

Après cela, arrivons à l'année 1879, et transportons-nous en plein Conseil supérieur ; écoutons pérorer, avec une acrimonie mal déguisée, M. Lagrange, membre dudit Conseil, porte-parole des adversaires du Service des Levés Généraux, et voyons-le aboutir à émettre un vœu tendant à demander que *tous les travaux des Levés Généraux fussent soumis au contrôle des Vérificateurs du Service de la*

Topographie ; ajoutons que ce vœu resta sans effet en 1879 mais que, renouvelé en 1880 avec une ténacité digne d'une meilleure cause, il fut tellement bien pris en considération que le Gouverneur Général se décida à notifier, au Service des Levés Généraux des trois provinces, une décision conforme à la proposition de M. Lagrange ; rappelons-nous que cette décision, qui entamait les clauses d'un contrat, tirait toute sa raison d'être du rejet des 5 feuilles de plan susmentionné ; constatons que, par cela seul qu'une si minime partie des travaux pouvait être vicieuse, il ne pouvait pas s'ensuivre du même coup que tout était sujet à suspicion, alors surtout que la vérification spéciale avait trouvé le reste des plans inattaquable.

Hâtons-nous d'ajouter, maintenant, que l'on s'était ému outre mesure et que l'état de choses alarmant, signalé au Conseil supérieur par M. Lagrange, n'était qu'imaginaire. On s'était exagéré les bénéfices réalisés par les agents à force d'exagérer la somme de travail exécutée par eux. La mesure proposée par M. Lagrange avait pour base un côté mal établi.

Si l'Administration avait voulu examiner la situation réelle elle y aurait puisé des éléments suffisants pour réfuter les attaques dirigées contre le Service des Levés Généraux en général, et pour prouver que ladite mesure, indiquée par M. Lagrange, n'avait pas raison d'être.

C'était bien simple, en effet.

D'abord, les brigades d'Oran et d'Alger, n'avaient pas encore subi l'épreuve de la vérification spéciale : On ne pouvait donc pas admettre qu'il fut possible d'estimer la valeur de leurs travaux avant la vérification. Ensuite, pour établir un chiffre exact en ce qui concernait l'importance des travaux et les bénéfices des agents, il suffisait de mettre sous les yeux du Conseil supérieur la *Situation générale* des travaux effectués, par les brigades des trois provinces, depuis leur création jusqu'en 1879. Le Conseil supérieur aurait été ainsi mis en présence d'un levé total d'environ 770,000 hectares, — produit des opérations simultanées de 55 Géomètres pendant une période de 5 années consécutives :

ce qui aurait représenté pour chaque Géomètre une moyenne annuelle de 2,800 hectares.

Après avoir mis devant le Conseil supérieur un résultat aussi positif, l'Administration était fondée à lui dire : « Ou les agents des Levés Généraux connaissent leur « métier, et alors il faut les supposer capables de lever « 2,800 hectares par an, sans avoir besoin de sabrer le « travail ; ou ils ne connaissent pas leur métier, et alors il « faut résilier le contrat et les licencier.

« Il n'y a pas de milieu, car le Géomètre, travaillant à la « tâche, qui ne peut pas lever 2,800 hectares à l'échelle « du 4 millième, n'est pas Géomètre. Et cela est d'autant « plus vrai, qu'avec une contenance plus faible, il ne « gagnerait plus de quoi subvenir à ses besoins. Donc, il « peut y avoir lieu de faire une enquête pour savoir à quoi « s'en tenir rigoureusement ; mais il ne peut y avoir lieu « d'adopter une mesure comme celle proposée par « M. Lagrange, par celá seul qu'elle serait excessive dans « un cas, et insuffisante dans l'autre. »

Voilà ce que l'Administration aurait dû faire si elle voulait éclairer et s'éclairer.

Mais si l'administration, se rappelant que le Service des Levés Généraux l'avait tirée deux fois d'embarras (en 1875 par le fait de son arrivée en Algérie, et en 1876, en acceptant les travaux de la constitution de la propriété), avait voulu agir correctement à son égard, elle aurait encore pu, le flambeau de la vérité à la main, le réhabiliter aux yeux de l'opinion, dont le Conseil supérieur paraissait se faire l'écho.

On disait, en effet, que les tarifs des Levés Généraux sont trop forts, comparativement à ceux du Service Topographique.

Eh bien, l'Administration pouvait prouver, chiffres en main, que, si l'on tient compte des appointements fixes, des indemnités de route, et des gratifications dont les agents du Service Topographique bénéficient, les dépenses pour la même somme de travail sont identiques dans les deux services.

Et, pour le démontrer, prenons une contenance de 60,000 hectares et une moyenne de 30,000 parcelles.

Comme sur un rayon de 100 kilomètres, en prenant le chef-lieu pour centre, il n'y a plus de territoire à constituer, établissons, pour calculer les indemnités de route, une distance moyenne de 150 kilomètres.

Cela posé, voyons ce que coûtent 60,000 hectares levés par le Service Topographique :

TRIANGULATION

1º 60,000 hectares à 0 f 15 l'hectare............	9.000 »
2º Trois triangulateurs à 3,000 francs........	9.000 »
3º 60,000 hectares (division en sections à 0 f 005)	300 »
4º Indemnité de route des trois triangulateurs à la distance moyenne établie (2 voyages)	720 »

VÉRIFICATION DE LA TRIANGULATION

1º Un vérificateur à..................	4.000 »
2º Indemnité de 100 francs par mois pendant 6 mois..................	600 »
3º 60,000 hectares à 0 f 015..................	900 »
4º Indemnité de route pour tournée de surveillance à 0 f 71 par kilomètre (1 voyage pour chaque triangulateur)..............	639 »

LEVÉ PARCELLAIRE

1º 60,000 hectares à 0 f 46..................	27.600 »
2º 30,000 parcelles à 0 f 76..................	22.800 »
3º Appointement de 25 agents à 2,400 fr........	60.000 »
4º Indemnité de route pour 25 agents (un voyage pour le levé et un pour la vérificat⁰)	6.000 »
5º Etablissemᵗ du tableau indicatif provisoire :	
60,000 hectares à 0 f 015..................	900 »
30,000 parcelles à 0 f 015..................	450 »
6º Etablissement du tableau indicatif définitif (30,000 parcelles à 0 f 015),..............	450 »
7º Copie de la liste alphabétique :	
60,000 hectares à 0 f 005..................	300 »
30,000 parcelles à 0 f 005..................	150 »

VÉRIFICATION DU LEVÉ PARCELLAIRE

1º 3 vérificateurs à 4,000 fr..................	12.000 »
2º Indemnité de 100 francs par mois..........	3.600 »
3º 60,000 hectares à 0 f 05..................	3.000 »
4º 30,000 parcelles à 0 f 05..................	1.500 »
5º Indemnité de route pour tournée de surveillance (une moyenne de 5 tournées par vérificateur)	4.500 »
6º Géomètre en chef, frais de bureau, indemnité de logement, loyer du bureau, chefs de bureaux, calculateurs, dessinateurs, archiviste, comptable, commis, etc.......	50.000 »
Toral (1)..............	248.409 »

(1) D'où il résulte que l'hect. coûte 3 fr. 64. — Que va dire M. Rose, lui, qui prétend que le levé de la Topographie revient à 1 franc l'hectare seulement ?

Voyons maintenant ce que coûtent ces mêmes 60,000 hectares, levés par le Service des Levés Généraux :

1º Triangulation de 60,000 hectares à 0f30...... .   18.000   »
2º Levé du parcellaire de 60,000 hectares à 1f90   114.000   »
3º 30,000 parcelles à 1f50....................   45.000   »
4º Le Géomètre en Chef ayant à sa charge tous les frais de transport, un vérificateur, le traitement des employés de bureau, la location du bureau et de son logement, ainsi que la direction, la surveillance, la vérification, et la responsabilité pécuniaire des travaux effectués par tous les agents du Service ...   46.000   »

Total.................   223.000   »

Il résulte donc que les frais généraux, nécessités par le levé définitif de 60,000 hectares opéré par le Service Topographique, arrivent presqu'à balancer la somme qu'il faut pour solder le levé de la même contenance exécuté par le Service des Levés Généraux.

Cette coïncidence prouve, sans doute, que le général Chanzy, organisateur de ce dernier Service, avait tout bonnement condensé, comme nous venons de le faire, toutes les indemnités dont bénéficient les agents du Service Topographique, pour établir le tarif des Levés Généraux. On reconnaîtra qu'il ne pouvait pas faire moins que cela. Mais on doit reconnaître aussi qu'il ne pouvait pas mieux faire, soit pour simplifier l'organisme du service de sa création, soit pour éviter à l'Administration l'inventaire incontrôlable de la série d'indemnités adaptée aux divers mouvements du Service Topographique.

L'Administration aurait dû faire ressortir aussi, sans crainte de contrevenir à la vérité, que les intérêts de l'Etat sont mieux garantis par l'organisation du Service des Levés Généraux, que par celle du Service Topographique.

En effet, si, à la suite de la vérification, les travaux effectués par ce dernier service sont à rejeter ou à rectifier, l'Etat reste, en cas de rejet, chargé de tous les frais inséparables d'une nouvelle vérification, et continue à verser leurs appointements aux agents, pendant tout le temps employé à la rectification de leurs plans ; tandis que les agents du service des Levés Généraux sont obligés de rendre un travail définitif, et, devraient-ils être obligés de le refaire plusieurs fois ou obligés d'en opérer la rectification, l'Etat n'aurait jamais à solder le travail qu'une fois.

L'Administration aurait même pu ajouter que les travaux effectués par un Service où les agents *sont placés entre la nécessité de travailler* (parce qu'ils n'ont pas d'appointements fixes) *et le devoir de bien opérer* (par cela seul qu'ils sont obligés de refaire ou de rectifier le travail à leurs frais) offrent nécessairement plus de garantie que ceux exécutés par un service d'agents appointés, où la responsabilité n'est pas effective, puisqu'elle n'entraîne pas la suspension des appointements durant la rectification des travaux.

Certes, il n'y a pas un seul membre du Conseil supérieur qui aurait appuyé la proposition Lagrange si l'Administration, au lieu de laisser croire à tort que les géomètres des Levés Généraux gagnent des sommes fabuleuses, s'était tout bonnement appliquée à mettre les membres du Conseil en présence de la réalité.

Le fait est que l'Administration, dans cette circonstance, aida plutôt à embrouiller la question qu'à l'élucider.

C'est ainsi que le Conseil supérieur fut porté à se ranger du côté de M. Lagrange ; c'est ainsi que l'Administration fut portée à décider, en date du 5 mars 1881, que la triangulation et les plans du Service des Levés Généraux seraient vérifiés par les agents du Service de la Topographie ; c'est ainsi que la dignité et les intérêts de 60 vieux praticiens devinrent le jouet des rancunes d'un service rival.

Cependant une telle décision portait atteinte aux stipulations les plus formelles du contrat, puisqu'elle créait un contrôle non prévu, et puisque le Service des Levés Généraux, créé indépendant du Service Topographique, devenait, par l'application de ladite décision, dépendant de ce dernier service.

La première pensée du Service des Levés Généraux se porta sur le point de savoir s'il fallait accepter, s'il était possible d'accepter la mesure : M. Leca, géomètre en chef de la brigade de Constantine dont, à tort ou à raison, les travaux se trouvaient directement attaqués, se crut dans l'obligation d'accepter et accepta. M. Pestel, géomètre en chef des brigades d'Oran et d'Alger, refusa de *s'y soumettre sans condition.*

A présent que tous les plans de la brigade de Constantine ont été vérifiés par les agents du Service Topographique et sont sortis blancs comme neige de l'épreuve la plus inquisitoriale à laquelle des plans puissent être soumis, les moins clairvoyants ont été conduits, se rendant à l'évidence, à reconnaître que les attaques qui motivèrent la mesure n'étaient nullement fondées. Il n'en est pas moins vrai que ces plans avaient été vivement critiqués, quoique à tort, et qu'il fallait bien, pour les réhabiliter, des résultats aussi éclatants que ceux qui ont été obtenus.

Il n'en était pas de même à Oran et à Alger. Cela, du reste, s'explique tout seul : en 1879 et en 1880 les plans des Levés Généraux n'y avaient subi qu'une vérification spéciale partielle et les résultats y avaient été satisfaisants. On ne pouvait pas critiquer ceux qui avaient été trouvés bons, on ne pouvait pas critiquer la grande partie qui n'avait pas encore été contrôlée ; on ne pouvait donc pas imposer, à ces deux brigades, un double contrôle revêtant tous les caractères d'une peine disciplinaire que rien ne justifiait. Si le mérite et le démérite sont aussi personnels en Algérie qu'ailleurs, il n'y a pas effectivement à sortir de là.

Aussi, c'est dans ce sens que M. Pestel formula le rapport qu'il adressa à M. A. Grévy, alors Gouverneur Général de l'Algérie.

Le refus du Géomètre en chef des brigades d'Oran et d'Alger reposait donc sur des motifs sérieux — dont M. A. Grévy tint bien compte, d'ailleurs, puisque le Gouverneur, sans aller jusqu'à rapporter la mesure, se garda bien d'insister pour son application immédiate. Avant d'en exiger l'application partout, il voulait sans doute connaître les résulats de la vérification spéciale et voir ce que le contrôle du Service Topographique relèverait dans la province de Constantine.

Il n'est pas douteux que, si M. A. Grévy était encore Gouverneur de l'Algérie, maintenant que les excellents résultats obtenus à Constantine et ceux mis en lumière par la vérification spéciale opérée depuis dans les deux autres départements, sont venus confondre les détracteurs systématiques du Service des Levés Généraux, il aurait considéré comme un devoir de réhabiliter aux yeux du public un important Service tant calomnié. Il aurait déjà rapporté la mesure qui humilie ce Service, en le subordonnant à un rival ; la mesure qui est nuisible aux intérêts algériens, puisqu'elle entrave les travaux ; la mesure qui est nuisible aux intérêts du Trésor puisqu'elle l'oblige à payer deux vérifications au lieu d'une. (1)

Voilà où nous en serions si M. A. Grévy était encore là. Malheureusement pour le Service des Levés Généraux M. A. Grévy s'est dessaisi du Gouvernement de la Colonie et M. Tirman lui a succédé à ce poste périlleux.

Dès son arrivée M. Tirman, trompé par quelques faiseurs, se crut dans l'obligation d'exiger l'application de la mesure qui avait révolté la conscience de M. A. Grévy.

C'est donc en date du 14 mars dernier, qu'il notifia aux Chefs des trois brigades, d'avoir à remettre les Archives au Service de la Topographie, et à soumettre tous les plans au second contrôle intégral, qui devait être effectué par les vérificateurs de ce Service, opérant sous la direction de l'Inspecteur spécial.

M. Tirman avait soin d'ajouter que le commencement des opérations, sur le programme des travaux à entreprendre

---

(1) Il est à remarquer que l'administration, qui paye une forte indemnité aux Géomètres en Chef des Levés généraux pour la vérification des plans, est allée jusqu'à proposer aux Chefs dudit service de se dispenser de vérifier les travaux de leurs agents pour laisser faire la seule vérification du Service Topographique. Cela ne les aurait pas empêché de continuer à toucher les indemnités attachées à la vérification. Ce qui revient à dire, que l'Etat aurait payé deux vérifications tandis qu'il n'y en aurait eu qu'une seule d'effectuée. On espérait ainsi rendre possible la capitulation des Géomètres.

Voila l'escamotage que l'administration aurait autorisé, si la dignité des chefs de service n'était venue lui apprendre qu'en France les Géomètres en chef n'acceptent pas la responsabilité des travaux sans les vérifier, pas plus que les indemnités pour des fonctions fictives.

en 1882, était subordonné à l'acceptation pure et simple de cette décision.

Malgré le ton comminatoire qui la caractérisait, la décision de M. Tirman était acceptable, en partie, puisque, en stipulant que les vérificateurs ordinaires du Service Topographique devaient opérer en qualité d'auxiliaires de l'Inspecteur spécial, elle sauvegardait la dignité et l'indépendance du Service des Levés Généraux. Mais si elle avait l'avantage de sauvegarder la dignité du Service, elle avait aussi un défaut capital qui la rendait impraticable : elle ne tenait aucun compte des charges écrasantes qu'elle imposait aux agents pour assister à ce second contrôle intégral de leurs travaux.

En venant en Algérie, les Géomètres des Levés Généraux étaient loin de penser qu'un jour viendrait où l'Administration, qui avait tant promis pour les y attirer, finirait par leur dire : « Vous aurez travaillé pour le roi de Prusse. »

En effet, il a été prouvé, chiffres en main, que le bénéfice net, que chaque Géomètre peut réaliser annuellement s'élève à peine à 800 francs. Un tel résultat étant indiscutablement donné, il est évident que, si les Géomètres devaient assister à la vérification de tous leurs travaux, sans indemnité proportionnée aux pertes de temps, ils ne tarderaient pas à être tous littéralement ruinés.

Le Géomètre en chef d'Oran et d'Alger n'eut pas de peine à le comprendre, et, se faisant un devoir de prendre en main la défense des intérêts de ses nombreux agents, si gravement menacés, il adressa un rapport détaillé à l'Administration supérieure.

Ce rapport porte la date du 20 mai dernier.

Dans ce rapport, M. Pestel démontre que la mesure qui a pour but de prescrire la vérification de tous les plans levés par son personnel, n'est pas justifiée. Cette tache lui était facilitée par les résultats de la vérification spéciale partielle, en ce sens que cette opération, contrôle de l'Etat, avait porté effectivement sur plus de 300,000 hectares, et avait constamment trouvé des résultats identiques. Ces résultats, d'ailleurs, étaient tout à fait satisfaisants. Effectivement, la moyenne générale fait ressortir *une seule cote mauvaise pour huit bonnes,* tandis que les règlements tolèrent une mauvaise cote sur trois. Après un tel résultat, et bien que la vérification spéciale n'ait porté que sur le cinquième des plans, il est certain, pour tout homme de la partie, qu'une autre vérification, si complète qu'on voudra, ne saurait faire varier la moyenne obtenue par une si importante vérification partielle (1).

Après avoir démontré cela, M. Pestel prouvait aussi que lui et ses agents seraient ruinés, par un contrôle spécial portant sur la totalité des plans, si lui et ses agents n'é-taient pas indemnisés pour les dommages que ce surcroît de contrôle ferait peser sur eux.

« Si donc l'Administration veut absolument étendre la vé-rification spéciale à la totalité des plans, dressés par le Service des Levés Généraux, il faut indemniser les agents en proportion du temps réclamé par ce contrôle non obli-gatoire ».

Telle était la condition *sine qua non* posée par M. Pestel.

Etait-ce une prétention exagérée ? Tant s'en faut. Elle était, au contraire, on ne peut plus raisonnable. En effet, comme nul ne l'ignore, les agents des Levés Généraux n'ont pas d'appointements fixes : ils travaillent à la tâche ; ils sont venus en Algérie en vertu de dispositions et de garanties for-melles articulées dans un contrat.

Or, ce contrat n'impose aux agents de ce service que le contrôle du Géomètre en Chef portant sur tous les plans, et celui de l'Inspecteur spécial portant sur le cinquième de la contenance levée.

Donc, pour les agents, il n'y a d'obligatoire que le con-trôle tel qu'il est prescrit dans le contrat. De plus, ce con-trat garantit toutes ses dispositions pour dix ans au moins, et le Service marche à peine sur sa huitième année d'exis-tence.

____

(1) La vérification totale des plans de la brigade de Constantine, effectuée par les vérificateurs de la Topographie, est venue établir ce point de la manière la plus indiscutable. En moyenne, en effet, les cotes mauvaises n'y sont aux cotes bonnes que dans le rapport de 1 à 10.

Donc l'Administration, en voulant étendre la vérification spéciale à la totalité des plans, imposait une charge non stipulée dans le contrat; et, si elle pouvait en avoir le droit en principe, elle n'avait pas à coup sûr celui d'imposer cette charge sans indemniser ceux qui la supportaient

Nous ferons remarquer, incidemment, qu'il résulte de tout le débat que jamais le Service des Levés Généraux n'a refusé la vérification en principe. Le Service l'a simplement combattue comme onéreuse pour l'Etat, pour les agents, pour la colonisation ; comme n'offrant aucun avantage parmi tous ses inconvénients ; comme n'étant autorisée ni par les faits, ni par aucun précédent, ni par le contrat, ni par les règlements du Cadastre. Il a simplement combattu la mesure, parce que l'Administration veut plus que la vérification : elle veut ruiner soixante pères de famille. Elle ne veut pas seulement vérifier : elle veut vérifier *comme bon lui semble*.

On conviendra avec nous que, si *le bon plaisir* de l'Administration devait faire loi, ce n'était pas la peine de rédiger un contrat.

Les conclusion du rapport de M. Pestel tendaient à demander la nomination d'une commission *ad hoc*, entièrement composée d'hommes techniques, indépendants, et chargée d'examiner l'ensemble des griefs exposés.

M. Tirman, sans s'arrêter aux arguments présentés par le Géomètre en Chef, auteur du rapport, retint cependant ses conclusions, et la nomination de la commission fut décidée. Toutefois, cédant à de mauvaises influences, il s'appliqua à former une Commission *dont furent écartées toutes les personnes qui y avaient leur place marquée d'avance*. (1) Cette commission de quatre membres ne comptait qu'un seul homme *de la partie*, lequel, en raison des délicates fonctions qu'il exerce, n'était même pas indépendant.

Les membres de cette curieuse commission étaient MM.

---

(1) Nous soulignons cette affirmation : En temps et lieu nous préciserons les faits, qui sont indéniables autant que probants.

Fournier, conseiller du Gouvernement, Titre, ancien officier d'Etat-Major, Lagrange, *ancien membre du Conseil Supérieur*, et de Casanove, Inspecteur spécial du Cadastre algérien.

La commission, ainsi composée, décida *immédiatement* que l'Administration *a le droit* de vérifier tous les travaux, de réclamer les archives, de faire exécuter tous les travaux de bureau comme elle l'entend et par qui elle l'entend. Encore un peu et puis la commission allait écrire en toutes lettres — toujours immédiatement — que l'Administration a le droit de *fausser les plans du Service des Levés généraux* pour se dispenser de *les solder*.

A notre point de vue, néanmoins, nul n'a *droit contre le droit*, pas plus l'Administration qu'un simple particulier. Il y a un contrat qui détermine les conditions dans lesquelles la vérification doit être effectuée, qui dit que les archives doivent rester entre les mains du Service des Levés Généraux *jusqu'à la fin de sa mission*, qui ajoute que les travaux de bureau doivent être confectionnés par le même service, donc l'Administration n'a pas le droit d'agir *comme elle l'entend*. Si elle voulait ce droit qui subverse le contrat, elle ne devait pas passer de contrat. (1)

Mais la commission ne s'arrêta pas à l'affirmation d'un principe si discutable : après avoir reconnu *sans examen* que l'Administration *a le droit de vérifier tous les plans des Levés Généraux*, elle reconnut aussi que la vérification *peut être faite en l'absence de l'auteur du plan* : elle entendait prouver ainsi que la question de vérification n'était pas inséparable de la question d'indemnité soulevée par les agents du Service des Levés Généraux !!!

C'est alors que l'Administration Supérieure, forte de sa victoire et ne se posssédant plus de jubilation, s'empressa de rédiger la décision du 14 septembre dernier; dans laquelle, — comme pour prouver que défendre ses droits contre elle, c'est s'exposer uniquement à provoquer des représailles

---

(1) On ne doit pas oublier que, malgré les réclamations unanimes de la presse algérienne, le rapport de cette commission n'a jamais été livré à la publicité, — sans doute, parce que l'on redoutait la lumière.

de *noli me tangere*, — elle déclare avec crudité que, puisque le Service des Levés Généraux n'a pas voulu accepter la décision du 14 mars, elle prétend, non-seulement avoir le droit de faire ce qu'elle voulait, mais aussi celui de rendre ses prétentions plus exorbitantes.

Après une déclaration en ce sens l'Administration décide que les vérificateurs ordinaires de la Topographie, rempliront leur mission, non pas sous la direction effective de l'Inspecteur spécial, comme il était dit dans la circulaire du 14 mars dernier, mais de manière à ce que ces vérificateurs ordinaires n'aient d'autre régulateur que leur propre initiative. Elle décide finalement, tout en indiquant les diverses pérégrinations que les plans devront subir pour arriver entre les mains des vérificateurs, que la vérification pourra être faite tant en l'absence qu'en la *présence* du géomètre auteur du plan.

Remarquez que le mot *présence* a été jésuitiquement mis pour la forme, car on savait que, si on n'indemnise pas les géomètres des Levés Généraux, en raison des pertes de temps que cette seconde vérification leur ferait subir, ils n'ont pas les moyens pécuniaires d'assister à cette vérification.

Ce qui revient à dire qu'au fond l'Administration entend faire vérifier les travaux des brigades en l'absence pure et simple de l'auteur du plan, c'est-à-dire sans mettre à l'abri ni la dignité du Service, ni les intérêts multiples des agents. De pareilles conditions ne pouvaient être acceptées ; il vaudrait mieux, pour les agents du Service des Levés généraux, ne plus s'occuper de travail que d'opérer dans des conditions qui les obligent ou à avoir confiance dans des vérificateurs qui sont des adversaires, ou à passer plus de temps en vérification qu'en opération.

Tel est l'enchaînement de tous ces actes administratifs contradictoires, dont la décision du 14 septembre dernier a été le couronnement ; telle est cette funeste décision qui a conduit les trois brigades des Levés généraux à se réunir en un seul faisceau, et à recourir à la sagesse des tribunaux compétents, afin d'obliger l'Administration à remplir ses engagements avec la même ponctualité qu'elles ont rempli les leur ; telle est l'histoire que le public et la presse apprécieront dans leur entière indépendance.

Eh bien donc ! maintenant qu'il résulte que l'Administration n'a pas le droit d'imposer une seconde vérification, puisque rien ne la justifie comme mesure exceptionnelle, et puisqu'elle n'est prévue ni par le contrat, ni par les règlements du Cadastre ; que, malgré cela, les géomètres du Service des Levés Généraux n'ont jamais résisté que parce que l'Administration a été assez injuste pour vouloir arbitrairement une vérification non obligatoire, sans se reconnaître obligée d'indemniser l'auteur du plan pour le mettre à même d'y assister ;

Maintenant que la lumière est faite ; maintenant qu'on sait clairement que l'Administration n'a plus aucun grief à produire contre les travaux des Levés Généraux, puisque toutes les vérifications ordinaires effectuées à Constantine et toutes les vérifications spéciales opérées dans les deux autres départements, n'ont abouti, en dépit de la plus extrême sévérité, qu'à mieux mettre en relief la solidité des travaux. Maintenant qu'il résulte, à la suite d'une comparaison bien établie entre ce qu'un géomètre gagnait en opérant sous les auspices de l'arrêté du 8 avril 1875, et ce qu'il a réalisé par le fait de l'acceptation du second contrat en date du 10 avril 1876, que chaque géomètre a volontairement renoncé à un bénéfice annuel de 4,000 francs pour se contenter d'un bénéfice de 800 francs seulement ; (1) que chaque géomètre a consenti un tel sacrifice, sans protester, uniquement pour faciliter la transformation d'une œuvre incertaine en une œu_ vre utile, définitive, d'intérêt public ; que des agents capables d'accepter des sacrifices de cette importance, pour le bien de l'œuvre, auraient dû paraître, à l'Administration, incapables de sabrer le travail et de produire ainsi des plans inexacts ; que, par conséquent, la mesure du 14 septembre dernier, cause génératrice du conflit actuel, ne revêt aucun caractère d'utilité, et reste exclusivement dans le domaine

______

(1) Voir les numéros de l'*Akhbar* du 27 septembre dernier et du 10 octobre courant.

des tracasseries imméritées, des caprices malsains, des incongruités administratives ; maintenant qu'il est avéré que les géomètres des Levés Généraux *n'ont jamais eu l'idée de se soustraire même à une révérification injustifiée*, et que même à présent *ils ne l'ont pas* ; que toute l'opposition des géomètres, que l'on traite en rebelles, a consisté uniquement à revendiquer d'être indemnisés pour une charge que rien ne leur impose en droit ; que le désaccord final, survenu entre les Levés Généraux et l'Administration, est résulté de ce que cette dernière, après la suspension des travaux et des payements des sommes acquises, prétend pouvoir procéder à la vérification, engageant toute la responsabilité de l'auteur du plan, en l'absence de l'auteur du plan. Maintenant, enfin, que tous les faits sont ainsi précisés, n'est-il pas évident que, avoir démontré *qu'on ne doit jamais vérifier un plan en l'absence de son auteur*, principal intéressé, c'est avoir prouvé que les revendications des Levés Généraux sont fondées, et que l'Administration perd son dernier retranchement ? Il est évident, en effet, que, dès qu'il est prouvé que la vérification doit toujours être faite en présence de l'auteur du plan, et que la vérification, que l'Administration veut imposer aux agents des Levés Généraux, n'est pas obligatoire, on a également prouvé que l'Administration ne peut la vouloir sans indemniser l'auteur du plan en raison des pertes de temps que cette vérification occasionnerait.

Ce qui revient à dire ceci : *S'il a été bien démontré qu'en principe, la présence de l'opérateur du plan s'impose de plein droit pendant toute vérification engageant sa responsabilité, toutes les autres revendications du Service qui lutte contre l'Administration, sont nécessairement fondées.*

Au reste, pour que les revendications du Service des Levés généraux ne fussent pas fondées, il faudrait qu'il résultât : qu'un contrat passé avec l'Admnistration n'engage pas l'Administration ; que, pour elle, les règlements sont lettre morte ; que son bon plaisir n'a ni correctif, ni barrière ; qu'elle n'a qu'à vouloir pour tout pouvoir ; qu'elle peut, ainsi, au mépris des contrats, des règlements et de l'équité, interdire les travaux à 60 pères de famille, qui n'ont d'autre moyen de subsistance que le fruit de leur travail, suspendre les payements des sommes acquises, disposer à sa guise des réserves destinées à solder les travaux terminés ou en voie de terminaison, malverser impunément 1,200,000 francs qui sont dûs au Service des Levés généraux — afin de le soumettre à ses caprices *par la famine* ; qu'elle peut vérifier comme bon lui semble, faire vérifier par qui bon lui semble et vérifier autant que bon lui semble, les plans effectués par les géomètres de ce dernier Service ; qu'elle peut, en un mot, avoir le droit de tout faire pour se dispenser de payer des travaux — qui défient toute vérification réglementaire, — afin d'arriver à mettre en ordre les finances algériennes en désordre......

Or, cela était impossible sous les autres régimes et ne peut l'être que davantage sous le régime républicain.

Donc, la démonstration proposée n'est plus à faire.

III

Conséquences résultant des démonstations qui précèdent.

Mais avoir démontré que la vérification doit toujours être faite en présence de l'auteur du plan, c'est avoir obtenu une foule d'autres résultats non moins décisifs.

Si l'on considère, en effet, que c'est la Commission composée de MM. Fournier, Titre, Lagrange et de Casanové, qui, malgré les protestations de ce dernier membre, a admis que l'on procèderait à la vérification des plans et de la triangulation du Service des Levés Généraux en l'absence de l'opérateur respectif, à seule fin de ne pas avoir à l'indemniser ; si l'on considère, en outre, que l'Administration prétend que tous les membres de ladite Commission sont des hommes techniques, il est certain que l'Administration et la Commission se trouvent, par suite des démonstrations obtenues, renfermées dans un dilemme. Car de deux choses l'une : ou bien les membres de la Commission n'étaient pas des hommes techniques, puisqu'ils ont été capables de rendre un jugement contraire à l'esprit de tous les règlements sur la matière, et alors l'Administration s'est gravement trompée en affirmant qu'ils étaient des hommes techniques ; ou bien ils sont des hommes techniques, mais animés de mauvaise foi puisqu'ils ont rendu un jugement inique, et alors l'Administration s'est plus gravement trompée encore en choisissant des hommes de mauvaise foi. Dans tous les cas, une conséquence inévitable en découle : La décision prise est entièrement frappée d'infirmité.

Est-ce tout ? Ce n'est pas le cas d'en convenir.

Dans les circonstances présentes, le dilemme obtenu, devient la source d'autres dilemmes.

En effet : si les hommes qui composaient la Commission sont ignorants de la question qu'ils avaient à résoudre, le Gouverneur Général est dans l'obligation morale de se débarrasser de ces amis compromettants, par cela seul qu'ils ont osé accepter pour mission de s'occuper de choses qu'ils ne connaissaient pas ; s'ils ont été de mauvaise foi, l'obligation de se défaire de ces intrigants s'impose au Gouverneur encore plus impérieusement.

Ce n'est pas tout : car il est certain que les hommes qui composaient la trop célèbre commission, ne sont autre chose que les porte-parole des doctrines administratives des Murat (1), des Chieuze, des Vignard (2) et de toute cette bande de brouillons qui gravitent autour du Gouvernement général pour le lancer dans toute une série d'entreprises fatales aux intérêts de la Métropole et de l'Algérie ; donc, si la commission s'est trompée par ignorance, c'est que toute la coterie qui soutenait la commission n'est composée que de prétentieux ignorants ; si, au contraire, la Commission a agi de mauvaise foi, c'est que ladite coterie n'est composée que de gens de mauvaise foi.

Dans tous les cas donc, M. le Gouverneur Général est obligé de renvoyer tout ce monde ou inepte ou déloyal qui a poussé la haute Administration, ou à commettre une malhonnêteté (en décidant de faire vérifier sans les géomètres) ou à commettre une injustice criante — en décidant que les géomètres ne seraient pas indemnisés, pour assister à

---

(1) Voir les faits rapportés dans un article publié dans les numéros de l'*Akhbar* du 17 et 18 août dernier.

(2) M. Vignard affirmait, en Conseil supérieur pendant la session de 1880, que le Géomètre en chef d'Alger réalise un bénéfice annuel de 50,000 francs, tandis qu'il résulte que les bénéfices nets de ce fonctionnaire ne dépassent pas 13,000 francs.

Pour achever d'établir le parti pris de cet homme à l'encontre des Levés généraux, il suffira de considérer les déclarations faites par lui au sein du Conseil de Gouvernement qui a été tenu le 18 août de cette année.

une vérification que rien d'exceptionnel ne justifie, et qui n'est prévue ni par les contrats, ni par les règlements.

Après tout : ou M. le Gouverneur général sacrifiera les faiseurs de tous ces embarras, et réhabilitera, aux yeux de l'opinion indignée, un Service qui a rempli ses engagements, un service qui subit encore la suspension des travaux et des payements : et alors le scandale du procès sera évité ; ou bien il continuera à traquer 60 pères de famille, il persistera à les pousser à réclamer la juste réparation des dommages causés par la suspension des travaux et des payements, il les mettra dans la nécessité de crier hautement que l'Administration leur doit plus d'un million de francs — montant (qui a disparu) des sommes qui devaient être en réserve pour solder leurs travaux, il les forcera à poursuivre un procès qui ne peut tourner — comme on voit — qu'au désavantage des intérêts généraux et au discrédit de l'Administration. . . Il y a des Juges en France !

Cette question que nous portons devant le Parlement, nous demandons au Parlement de la trancher.

Nous n'appelons l'attention des Grands Corps de l'Etat que sur deux points dont l'examen échappe à la compétence des tribunaux : d'abord le sans-gêne avec lequel la Haute Administration traîte un service important, composé d'hommes qui ont fait leurs preuves, puis ce fait que l'Administration n'a plus dans sa caisse les 1,200,000 fr. (1)

---

(1) En principe d'administration, dès qu'un travail est entrepris tout l'argent nécessaire pour en compléter le payement doit être prévu, tenu en réserve et ne doit, en aucun cas, être distrait de son affectation propre. Or, l'administration Algérienne doit 1,200,000 fr. au service des Levés généraux pour travaux achevés ou en voie d'achèvement. Elle a donc employé une somme de cette importance à toute autre chose qu'au payement des travaux auxquels elle était affectée, puisqu'il ne reste plus d'argent en caisse. Un tel procédé ne saurait trop être flétri. Il y a cependant des journaux autorisés qui pensent qu'un tel état de choses puisse être atténué !...

De là à venir mettre la pénurie budgétaire sur le dos du service des Levés Généraux, il n'y a qu'un pas : Il suffirait d'insinuer que le travail effectué par ce service dépasse les prévisions.

Nous allons rendre impossible toute équivoque, en esquissant la situation générale dudit service.

La circulaire du 10 avril 1876 (pièce du contrat) dit que les *zones polygonales*, constituant le champ d'opération d'une brigade — pour chaque année, doivent représenter une superficie brute de 100,000 hectares. Elle estime ensuite à qui y ont été versés, et *qui devaient être tenus en réserve pour solder les travaux exécutés ou en voie d'exécution.*

Aux Mandataires du Souverain de chercher les auteurs de ces virements renouvelés de l'Empire ; aux tribunaux de déclarer le bien fondé de notre demande.

Nous avons une confiance absolue dans cette double demande.

70,000 hectares la contenance effective sur laquelle il peut y avoir lieu d'appliquer la loi du 26 juillet 1873. Après avoir ainsi précisé les choses la même circulaire ajoute que cette contenance effective de 70,000 hectares correspond précisément avec celle que chaque brigade peut lever annuellement.

Or, les travaux sont garantis pour 10 ans aux brigades des Levés Généraux, et la garantie — qui est sant restriction — doit naturellement viser les travaux que *chaque brigade peut effectuer.*

Eh bien si l'on suppose l'administration algérienne logique dans ses actes, n'est-il pas évident qu'elle a dû inscrire tous les ans, au budget de chaque province, une somme correspondant avec celle voulue pour solder 70,000 hectares de levé ?

Il suit de là que, pour justifier le *dépassement* des prévisions, il faudrait que chaque brigade eût effectué annuellement plus de 70,000 hectares de levé. Mais il suit également de là que, si les brigades n'ont pas respectivement produit 70,000 hectares de levé, la caisse doit contenir un reliquat.

Or, il résulte que non-seulement les brigades n'ont pas effectué plus de 70,000 hectares chacune, mais qu'elles n'ont même pas atteint cette contenance prévue. En effet, d'après la *situation* générale des travaux exécutés par les brigades des Levés Généraux, chaque brigade a levé en moyenne 55,000 hectares par an. Il est donc certain que la caisse devait contenir un reliquat au lieu d'être en déficit, et que ce relinquat devait correspondre avec la différence existant entre la contenance levée effectivement et celle prévue. Cette différence est de 15,000 hectares, par an et par département. Ce qui fait pour toute l'Algérie une différence annuelle de 45,000 hectares. Cette différence répétée depuis le jour où le service des Levés Généraux a été institué — c'est-à-dire pendant 7 ans et demi — s'élève à 342,500 hectares. Telle est la contenance qui a manqué à ce service pour atteindre les prévisions.

En mettant qu'un hectare coûte en moyenne 3 fr. 50, il s'ensuit que la caisse de l'Etat devait contenir un reliquat de (342,500 hectares multipliés par 3 fr. 50.) soit 1,188,750 francs.

Or, il résulte que non-seulement il n'y a pas reliquat, mais même qu'il y a déficit. En effet il résulte des registres de comptabilité que l'Etat doit aux trois brigades réunies, environ 1,200,000 fr., tandis qu'il n'y a pas un sou en caisse.

Le virement réel est donc de 1,200,000 plus 1,188,750, soit 2,388,750 fr.

Oui ! 2,388,750 francs ont reçu une affectation tout autre que celle qu'ils devaient recevoir !

A moins qu'on ne vienne établir que l'administration n'avait rien prévu, pour payer annuellement les 70,000 hectares qu'elle voulait lever annuellement dans chacun des trois départements Algériens, voilà la vérité brutale dans toute sa nudité.

Ce qu'une si grosse somme est devenue *une enquête seule* pourrait le faire ressortir.

CONSTANTINE. — IMPRIMERIE NOUVELLE, 42, RUE DE FRANCE

www.ingramcontent.com/pod-product-compliance
Lightning Source LLC
Chambersburg PA
CBHW060045090726

47597CB00012B/2587